# CATÉCHISME
## DE MORALE.

# CATÉCHISME

## DE MORALE,

## POUR L'ÉDUCATION

## DE LA JEUNESSE.

## PAR M. HARMAND.

---

*Populus intelligens et sapiens, gens magna.*
DEUT. 4.

---

Prix, 15 sols, broché.

## A PARIS,

De l'Imprimerie de P. PROVOST, rue Mazarine, Nº 92.

*Et se vend,*

Chez { PLANCHE, libraire, rue de Richelieu-Sorbonne Nº. 3.
MAILLARD, libraire, Quai des Augustins, Nº. 43.

---

M. DCC. XCI.

# PRÉFACE.

CET Ouvrage est depuis long-temps desiré de tous ceux qui sentent le prix d'une bonne éducation: mais pouvoit-il paroître utilement avant qu'elle fût réformée ? puisqu'elle va l'être, sans doute un Catéchisme de Morale sera mis au nombre des livres élémentaires.

Pour que l'Éducation générale soit bonne, et ses fruits durables, il faut qu'elle ait pour base des principes sûrs et évidens ; il faut que ces principes soient pris dans le cœur de l'homme , qu'ils s'accordent avec la voix de la conscience, et que les conséquences qu'on en tire, la pratique des regles qui en dérivent, soient selon la nature humaine, et non au-delà de ses forces.

L'homme sent toujours ce qui est bien, et il le fait toutes les fois que son intérêt ou son plaisir du moment ne l'en dé-tournent pas. Montrons-luique cet intérêt passager, n'est pas celui qui le conduit au bonheur; et pour cela appliquons-nous à développer à la jeunesse, les principes de bonté et de justice que la nature a gravés dans son ame. Si vous les contrariez, si vous allez au-delà, c'est en vain que vous aurez voulu réformer l'éducation.

On divise ordinairement la Morale en trois parties, selon les différens rapports sous les-

quels l'homme peut être considéré. En l'examinant par ses
rapports avec l'auteur de l'univers, il en résulte ses devoirs
envers Dieu ou la Religion ; de
ses rapports avec lui-même ,
dérivent les devoirs qu'il est
tenu de remplir pour sa conser-
vation ou son bonheur ; et ses
rapports envers les autres ,
sont la source de ses devoirs
à l'égard de ses semblables. Je
n'ai pas suivi cette division : 1°.
parce que je n'ai pas cru devoir
ni pouvoir faire un traité de
Religion, mais seulement un
chapitre qui en traite, en la
considérant comme un des devoirs de l'homme de bien. 2°.
Je n'ai pas distingué nos devoirs
envers nous-mêmes , de ceux
envers les autres , parce que
dans la société ils s'unissent
nécessairement, et que voulant

faire un ouvrage dont les principes aient de l'ordre et de l'enchaînement, il auroit fallu souvent me répéter pour qu'il soit clair, si j'avois fait cette distinction, et alors il auroit eû plus d'étendue que sa destination n'en demandoit.

En 1781, on proposa un prix pour un Catéchisme de Morale *à la portée des enfans qui apprennent à lire*. Aucun ouvrage, au jugement de l'académie, n'a mérité ce prix, qui a été proposé encore inutilement en 1784. M. de la Harpe dans les excellentes réflexions qu'il a publiées dernièrement sur l'éducation, insiste aussi sur la nécessité d'un Catéchisme de Morale, et demande qu'il soit fait pour l'âge de 9 à 10 ans. Je crains bien que nous n'en ayons jamais, si l'on ne veut reculer cette époque, et voici mes raisons : sans doute le sentiment du juste et de l'injuste est inné dans nos cœurs, et il est peut-être plus vif que jamais dans la tendre enfance, où les passions et l'intérêt n'ont point encore obscurci la lumière naturelle ; mais pour développer les idées Morales, pour leur donner l'étendue qu'elles doivent avoir dans la société, il faut une analyse que je crois impossible de mettre à la portée des enfans. Avant l'âge de raison l'on ne sauroit avoir aucune idée des relations sociales, comment pourrez-vous traiter des devoirs qu'elles établissent ? Comment employer des mots qui les expriment sans nuire au jugement de l'enfant qui ne peut vous entendre ?

Une erreur qui n'est que trop

commune, c'est de supposer la raison dès le bas âge ; laissons à la tendresse maternelle, cette prévention que nous devons lui pardonner , parce qu'elle est dans la nature ; mais nous qui avons vu des enfans, qui avons mis tous nos soins à les observer , croyons , d'après l'expérience, que de toutes les facultés de l'homme, la raison, qui n'est pour ainsi-dire, qu'un composé de toutes les autres, est celle qui se perfectionne le plus difficilement et le plus tard ; ne veuillons pas nous en servir pour développer les premières, et avant d'enseigner la morale par des préceptes qui soient entendus et suivis, bornons-nous à la faire pratiquer, si nous ne voulons pas perdre notre temps.

Pour changer d'avis, j'attends

qu'on me montre un Cathéchis-
me de Morale qui convienne à
l'enfance, et pour appuyer mon
opinion d'une autorité que mes
raisonnemens ne lui donne-
roient pas, je dirai à celui qui
voudroit l'entreprendre : un
homme l'a essayé sans succès, et
cet homme étoit Rousseau.

Je crois donc que cet ouvrage
seroit inutile, avant 14 ou 15
ans, mais qu'à cet âge il est
indispensable dans l'éducation.
C'est pour cela que j'ai fait le
mien. J'ai travaillé long-temps
et avec beaucoup de réflexions,
mais je pense qu'on peut mieux
faire ; je le publie pour qu'on
en fasse usage, si on le trouve
bon, ou s'il est insuffisant, pour
engager quelque homme de mé-
rite à en faire un meilleur ;
dans l'un ou l'autre cas, mon
but sera également rempli. Si

l'on juge celui-ci susceptible de
perfection , je profiterai avec
reconnoissance des avis qu'on
voudra bien me donner.

# CATÉCHISME

## DE

## MORALE.

---

## CHAPITRE PREMIER.

*De la Conscience et de la Morale en général.*

*D.* QUEL est le premier sentiment que Dieu inspire à tous les hommes ?

*R.* C'est l'amour de soi.

*D.* A quoi nous porte ce sentiment naturel ?

*R.* A chercher les moyens de nous rendre heureux.

*D.* Qu'est-ce qui peut nous rendre heureux ?

A

*R.* C'est ce qui nous procure un plaisir durable.

*D.* Qu'est-ce qui peut nous procurer un plaisir durable ?

*R.* Ce sont celles de nos actions qui s'accordent avec la voix de notre conscience.

*D.* Qu'est-ce que la conscience ?

*R.* C'est un autre sentiment naturel que Dieu nous a donné pour être notre guide : elle nous fait aimer le bien et haïr le mal.

*D.* La conscience n'est-elle pas susceptible d'être perfectionnée et d'être corrompue ?

*R.* La conscience s'endurcit par la négligence à consulter sa voix , comme elle devient plus délicate par l'étude des devoirs qu'elle nous montre à remplir ; mais on ne peut l'étouffer entièrement , et elle ne

trompe jamais quand on la con-
sulte de bonne foi. Tout ce que
nous sentons être bien, est bien;
tout ce que nous sentons être
mal, est mal.

*D.* Comment peut-on prouver
l'infaillibilité de la conscience?

*R.* Cette lumière naturelle,
cette voix intérieure qui parle
à tous les hommes, est aussi
invariable qu'elle est univer-
selle. Dans tous les temps, et
dans tous les lieux elle a toujours été la même; elle ne dépend ni du caprice des hommes,
ni des usages, ni des loix, ni de
la religion. Elle a dit également
à Abraham, à Socrate, à Confucius, à Fénélon : *sois juste, et
tu seras heureux.*

*D.* Il est donc facile de savoir
si une action est bonne ou mau-
vaise ?

*R.* Oui ; quand nous voulons

agir, interrogeons notre conscience, elle approuvera ce qui est bien, et se soulèvera contre ce qui est mal : après l'action, interrogeons-la encore ; sa réponse fera notre joie ou notre tourment. C'est ainsi qu'une suite de bonnes actions nous rendra heureux, et que plusieurs mauvaises empoisonneront toute notre vie.

*D.* Qu'est-ce qui détermine les différentes actions de la vie ?

*R.* Ce sont les habitudes ou les mœurs que nous contractons.

*D.* Comment peut-on former et diriger ses habitudes ou ses mœurs ?

*R.* Par la raison qui nous donne la connoissance de la science des mœurs.

*D.* Comment nomme-t-on cette science ?

( 5 )

*R*. La morale.

*D*. Quel est le but de la morale ou de la science des mœurs?

*R*. C'est de nous faire distinguer , en suivant la voix intérieure de la conscience, quelles sont les bonnes et les mauvaises mœurs. Avoir la science des bonnes et des mauvaises mœurs, ou la science de la morale, c'est donc savoir en quoi nos actions peuvent contribuer au bonheur ou au malheur de nous et des autres ; c'est avoir la connoissance de nos devoirs envers nous-mêmes et envers les autres.

*D*. Pourquoi devons concourir au bonheur des autres ?

*R*. Parce qu'il n'y a personne d'entre nous au bonheur duquel les autres n'aient concouru. L'obligation d'exercer envers eux la réciprocité est donc une véri-

table *dette* que nous avons con-
tractée. C'est parce que c'est
une dette, qu'on a exprimé l'o-
bligation qu'elle nous impose
par le mot *devoir*.

*D.* La morale ou la science
des mœurs se borne-t-elle à
nous donner la connoissance de
nos devoirs ?

*R.* Elle nous prescrit aussi de
les acquitter ; car il n'y a personne qui ne sente qu'il est raisonnable et juste de payer ses
*dettes* ou remplir son *devoir*, et
qu'on y est obligé à peine d'être
privé de sa propre estime. C'est
en ce sens qu'on dit : *la morale
ordonne*, *la morale défend*, *il est
contraire ou conforme aux loix de
la morale.*

*D.* A quoi parvenons-nous
par la pratique des loix de la
morale ?

*R.* A la vertu.

*D.* Qu'est-ce que la vertu ?

*R.* La vertu en général , est l'habitude de conformer ses actions aux principes de la morale. Nous avons besoin pour cela de vigilance , de courage et de force. C'est par la pratique de la vertu qu'on acquiert la sagesse qui doit être notre but , et sans laquelle il n'y a point de bonheur.

*D.* Quelle est la première attention qu'il faut faire quand on veut devenir sage ?

*R.* C'est d'éviter avec soin la compagnie de ceux qui ne le sont pas, parce que leur société nous feroit changer nos bonnes habitudes contre leurs mauvaises.

*D.* Cette précaution est-elle absolument necessaire ?

*R.* Oui ; car nous prenons très-aisément les habitudes et

les sentimens de ceux avec qui nous vivons, soit en bien, soit en mal.

*D.* Que doit-on bien recommander à ceux qui veulent suivre les routes de la sagesse?

*R.* Un grand avantage est d'avoir un ami sage, qui soit notre guide dans ce chemin pénible au commencement, mais qui devient aisé à mesure qu'on le parcourt.

*D.* Quand on ne peut se procurer cet avantage, que doit-on faire?

*R.* Éviter au moins, comme je l'ai dit, ceux qui pourroient nous conduire au mal, se faire des règles invariables de conduite, et se proposer pour modèles les hommes sages dont les bonnes actions nous sont connues.

*D.* Quels sont les hommes qu'on peut appeller sages?

*R.* Ce sont ceux dont la morale et la vie sont irréprochables, qui aiment la vertu plus que toutes choses, qui n'ont jamais regardé comme utile que ce qui est bien, et dont l'ame élevée n'a jamais rien admiré ou desiré que ce qui est honnête et véritablement grand. Ils pensent comme Platon, que *tout ce qu'il y a d'or sur la terre, tout ce qu'elle en renferme dans son sein, n'est d'aucun prix, si on le compare à la vertu.* Pour ces hommes le devoir est toujours un plaisir et ils n'estiment nuisible que ce qui est injuste.

*D.* Comment peut-on parvenir à cette perfection ?

*R.* Naturellement : l'homme qui a acquis l'habitude de rendre ses actions conformes aux préceptes de la morale et à la voix de sa conscience, ne voit plus rien de beau dans la conduite des hommes, que ce qui s'accorde avec ces principes. Ce sentiment du beau, dont la vie humaine est susceptible, élève l'ame de celui qui l'éprouve, et il est le mobile de toutes ses actions. Notre intérêt personnel cesse d'entrer pour quelque chose dans nos résolutions, et nous suivons la vertu, comme d'autres suivent le vice, par passion.

*D.* Peut-on prouver que le sentiment du beau soit naturel à l'homme ?

*R.* Il ne faut, pour s'en convaincre, que consulter l'expérience et rentrer en soi-même. Un acte de bonté ou de bienfaisance nous touche, quoique nous n'en soyons pas l'objet; un acte de méchanceté nous révolte, quoique nous n'en soyons pas personnellement blessé : l'habitude de remplir ses devoirs fortifiant ce penchant naturel de nos cœurs, nous devenons capables des plus grands efforts de vertu, nous sommes transportés d'admiration pour les actions héroïques, nous aimerions mieux être Socrate, mourant vertueux et innoceut, que le juge inique qui le condamne.

C'est donc en étudiant la morale, en se conformant à ses loix, en songeant à l'influence des bonnes mœurs sur notre bonheur et sur celui des autres, en examinant leur accord avec l'ordre général de l'univers et les sublimes préceptes de la religion, que le goût moral, source de nos plaisirs, se développe et se fortifie. Cette étude est une tâche qui doit nous occuper toute notre vie, dans la jeunesse, dans l'âge mur et dans la vieillesse ; car dans le chemin de la vertu on ne reste point à la même place , ou l'on recule ou l'on avance.

*D.* Comment peut-on considérer les différentes règles de la morale ?

*R.* On peut les distinguer en règles générales et en règles particulières.

*D.* Quelles sont les règles générales de la morale ?

*R.* Nous les réduirons à quatre principales, qui sont le résultat de tout ce qui vient d'être dit.

*D.* Quelle est la première règle générale ?

*R.* Consulter toujours sa conscience, qui seule peut nous faire distinguer le bien et le mal de nos actions, et qui éclaire notre raison dans la recherche de nos devoirs.

( 13 )

*D.* Quelle est la seconde ?

*R.* S'efforcer d'acquérir une connoissance complette de ses devoirs.

*D.* Quelle est la troisième ?

*R.* Conformer toutes ses actions à la connoissance de ses devoirs et à la voix de sa conscience.

*D.* Quelle est la quatrième ?

*R.* Se perfectionner chaque jour dans la vertu, et se pénétrer de l'amour du beau moral. Nous avons pour cela un moyen sûr que nous pouvons tous mettre en usage, c'est d'en faire l'expérience en persévérant dans la pratique de nos devoirs.

*D.* Quelles sont les règles particulières de la morale ?

*R.* Elles sont différentes, selon les différens rapports sous lesquels l'homme est considéré. Les moralistes ont distingué quatre

devoirs principaux, qui sont :
la Prudence, la Justice, la Force
et la Tempérance : on les appelle
les vertus morales. Le mot *vertu*
signifie alors *devoir*. De ces quatre vertus dérivent tous les devoirs auxquels nous sommes
tenus envers Dieu, envers nous-mêmes, et envers les autres,
et dont l'observation exacte fait
l'homme vertueux, sage et heureux. Nous allons les traiter
successivement.

# CHAPITRE II.

## *De la Prudence.*

*D.* Quel est le premier devoir que la raison nous prescrit quand nous voulons agir ?

*R.* C'est de considérer d'abord le bien ou le mal de l'action que nous voulons faire , ses avantages et ses inconvéniens , ses difficultés et ses moyens.

*D.* Comment les moralistes ont-ils appellé ce devoir ou cette vertu ?

*R. La Prudence* , et ils en ont fait la première des vertus morales.

*D.* Pourquoi cela ?

*R.* Parce que c'est elle qui doit nous guider dans l'exercice des autres vertus morales. Celui

qui se conduiroit sans réflexions, seroit exposé à commettre beaucoup de fautes, et
par conséquent à nuire à son
bonheur en manquant à ses de-
voirs : *la Prudence est l'art de la vie*,
dit Charron, *comme la médecine
est l'art de la santé.*

*D.* Comment pouvons-nous
acquérir la Prudence ?

*R.* Par l'habitude des réflexions et l'expérience. L'expérience vient lentement ; on
peut la hâter par les avis des
gens sages, la lecture de l'histoire et celle des bons livres
qui font penser.

*D.* Quel est le premier conseil
que nous donne la Prudence ?

*R.* D'examiner quels sont nos
devoirs dans toutes les positions
où nous nous trouvons.

*D.* Quel est le second conseil
qu'elle nous donne ?

*R.* C'est de bien connoître les personnes auxquelles nous avons affaire.

*D.* Cette connoissance s'acquiert-elle facilement ?

*R.* Non , car on rencontre beaucoup d'hommes qui ont, ou qui croient avoir, intérêt de se déguiser ; il faut les examiner attentivement , et sur-tout sans prévention.

*D.* Quels sont les gens dont on doit le plus se défier ?

*R.* Des gens faux , et ils sont les plus aisés à connoître, parce qu'ils se trahissent souvent de quelque manière ; il faut traiter le moins qu'on peut avec eux , et quand on y est obligé , en agir toujours avec franchise, car les fautes d'autrui ne peuvent jamais autorirer les nôtres.

*D.* N'est-il pas aussi de notre intérêt d'en agir toujours avec franchise ?

B 2

*R*. Oui; rien n'est plus propre à déconcerter la finesse, que la candeur et la simplicité.

*D*. Que doit-on faire à l'égard d'un homme qu'on a reconnu pour être sans morale ?

*R*. Le fuir et le plaindre, mais ne pas le haïr : le sage aime les seuls gens de bien, mais il ne hait personne.

*D*. Quel est le troisième conseil que nous donne la Prudence ?

*R*. C'est d'apprendre à estimer justement les choses, à leur donner le prix et le rang qui leur appartient.

*D*. Quelles sont les choses qu'on doit le plus estimer ?

*R*. D'abord celles qui nous appartiennent en propre, qui dépendent de nous, que l'envie ni la fortune ne peuvent nous enlever; telles que la vertu, les bonnes qualités de l'ame, la science ; ensuite celles qui nous procurent des avantages, telles que l'esprit, la richesse, les talens, qualités bonnes ou mauvaises, selon l'usage qu'on en fait.

*D.* Dans quelle disposition devons-nous être pour juger sainement des choses ?

*R.* Il faut être dans une entière liberté de jugement et de volonté.

*D.* Qu'est-ce que la liberté de jugement ?

*R.* Elle consiste à ne pas se laisser entraîner aveuglément aux opinions des autres, à n'adopter rien sur parole, à examiner tout, et à ne regarder comme vrai que ce que notre jugement libre et sain nous présente comme tel.

*D.* N'est-ce pas tomber dans la présomption que de ne regarder comme vrai que ce qu'on a examiné soi-même ?

*R.* Il y a des vérités tellement reconnues par tous les hommes sages, qu'on ne pourroit les rejetter sans montrer un esprit faux ou un cœur corrompu; il est inutile de les examiner: on ne parle ici que des opinions et des préjugés populaires qu'il ne faut pas légèrement adopter.

*D.* Quelle est donc la manière dont nous devons nous conduire à l'égard des préjugés populaires ?

*R.* Ne les admettre ni les rejetter sur le champ, mais les examiner ; on évite par là une foule d'erreurs qui offusquent la raison, et nous empéchent de faire aucuns progrès dans la sagesse.

*D.* Qu'est-ce que la liberté de volonté ?

*R.* Elle consiste à être maître

de sa volonté et de ses affections, à savoir être soi, sans se
laisser entraîner ni par les personnes ni par les choses ; mais
à faire ce que l'on veut, et à
vouloir ce qui est juste.

*D.* Pourquoi la liberté de volonté est-elle nécessaire ?

*R.* Parce que sans elle on perd
bientôt la liberté de jugement
et d'action ; car en ne voulant
que ce que veulent les autres,
on s'expose à vouloir, et par conséquent à faire, des choses qui
peuvent n'être pas justes.

*D.* La liberté de volonté em-
pêche-t-elle de se rendre aux
desirs des autres ?

*R.* Non ; quand ce qu'ils de-
sirent ne conduit pas à des actions que notre jugement libre
nous dit être mauvaises ; le
conseil donné, de maintenir la
liberté de volonté, ne regarde
pas les services dus au public

et à ses amis ; l'homme sage doit être officieux et charitable, il doit se prêter à autrui, mais ne se donner qu'à soi.

*D.* A quoi doit-on s'appliquer après avoir fait une juste estimation des personnes et des choses ?

*R.* Le premier soin est de savoir bien choisir et se déterminer dans les occasions.

*D.* Est-ce une chose à laquelle on puisse aisément parvenir ?

*R.* Quand il s'agit de se déterminer entre son devoir ou ses plaisirs, entre une chose honnête ou utile, le choix est aisé ; la morale nous le prescrit. Dans les cas où l'on n'a pas assez de connoissance de la chose pour savoir si elle est juste ou injuste, il faut suivre l'excellent précepte d'un ancien : *Dans les choses douteuses, abstiens toi.*

( 23 )

*D.* Que doit-on faire quand on est forcé de prendre un parti dans une chose douteuse?

*R.* Prendre conseil d'une personne sage, expérimentée, et qui n'ait aucun intérêt dans l'affaire.

*D.* Pourquoi ajoutez-vous : et qui n'ait aucun intérêt dans l'affaire ?

*R.* Parce que malheureusement il est rare que les hommes soient parvenus à un tel degré de perfection, qu'ils soient absolument sans prévention dans une affaire où ils sont intéressés.

*D.* Que doit-on faire quand on a demandé conseil ?

*R.* S'y conformer exactement et ne pas s'en repentir, quand même il seroit suivi d'un mauvais succès ; car on a fait tout ce qui est au pouvoir de la prudence humaine ; le reste ne dépend pas de nous.

*D*. Qu'elle règle générale la prudence nous prescrit-elle en traitant avec les autres ?

*R*. il faut tâcher de prendre un milieu entre la trop grande confiance et la défiance, excepté avec ses amis intimes, pour lesquels on ne peut jamais avoir trop de confiance.

*D*. Une trop grande Prudence ne peut-elle pas avoir des inconvéniens ?

*R*. Oui ; l'excès en tout, même dans les vertus, est un mal. La Prudence doit nous garantir d'une trop grande précipitation qui est ennemie de la sagesse ; mais il ne faut pas qu'elle nous fasse tomber dans la nonchalance. Après avoir délibéré, il faut savoir se décider, et il n'y a que les gens foibles qui restent dans l'irrésolution.

# CHAPITRE III.

## De la Justice.

*D.* Qu'est-ce que nous dit notre conscience par rapport aux autres hommes ?

*R.* De ne pas faire à autrui ce que nous ne voudrions pas qu'on nous fît, et de rendre à chacun ce qui lui appartient.

*D.* Comment nomme-t-on ce devoir que la morale nous prescrit en suivant la voix de la conscience ?

*R. La justice* : c'est la seconde des vertus morales. Elle nous impose trois devoirs principaux.

*D.* Quel est le premier de ces devoirs ?

C

*R.* De ne jamais s'emparer du bien d'autrui.

*D.* Quel est le second ?

*R.* De ne nuire aux intérêts de personne , ni par ses discours , ni par ses écrits.

*D.* Quel est le troisième ?

*R.* De n'exercer sur personne aucune violence ni mauvais traitement.

*D.* Qui peut nous inspirer l'amour de la Justice ?

*R.* Le desir de notre bonheur, et notre intérêt personnel.

*D.* Comment la pratique de la Justice peut-elle influer sur notre bonheur ?

*R.* Parce qu'on ne peut commettre une injustice sans aller contre sa conscience , et qu'il ne peut y avoir de bonheur sans le repos de l'ame.

*D.* Comment notre intérêt personnel nous prescrit-il la Justice ?

*R*. Parce que celui à qui on fait une injustice sent bien qu'on lui en fait une ; s'il n'a pas une bonne morale, il cherche l'occasion de se venger ; et s'il est sage, nous nous attirons son mépris.

*D*. Faut-il être sensible au mépris d'autrui ?

*R*. Oui : quand il est fondé sur la raison ; car nous perdons par-là un grand avantage, celui de la considération publique qui s'établit tôt ou tard sur l'opipinion des personnes sages.

*D*. Qu'est-ce que la considération publique ?

*R*. C'est l'estime générale qui nous attire la bienveillance de tous les hommes.

*D*. Le repos de la conscience et l'intérêt personnel sont-ils des motifs nécessaires pour nous porter à la Justice ?

*R*. Il y a des hommes auxquels un heureux naturel inspire pour la Justice le même amour que les autres ont communément pour les grandeurs et les richesses.

*D*. Ces hommes sont-ils en grand nombre ?

*R*. Non : mais il y en a , et ils sont l'honneur de l'humanité.

*D*. Tous les hommes ont-ils une même opinion sur la justice ou l'injustice des choses?

*R*. Non : parce que bien des hommes ne règlent pas leurs opinions sur la voix de leur conscience ; mais se laissent aller à ce qu'ils croient être leur intérêt , et l'intérêt les aveugle souvent; ils ne regardent quelquefois une action comme injuste, que parce qu'elle contrarie leurs penchans, ou comme juste, que parce qu'elle les favorise.

*D*. Que faut-il faire pour éviter ce danger ?

*R*. Il ne faut jamais perdre de vue les principes éternels de la justice qui sont gravés au fond de notre cœur , et y rapporter toutes les actions avant de les juger.

*D*. Y a-t-il des cas où il soit permis d'être injuste ?

*R*. Il n'y en a aucun puisque la Justice nous oblige à rendre à chacun ce qui lui est du : ce seroit un vol manifeste , et une infraction aux loix de la morale si on ne le faisoit pas.

*D*. Faut-il être juste , même contre son intérêt ?

*R*. Il faut toujours être juste, même quand la Justice paroît contraire à notre intérêt , car ce n'est jamais qu'à celui du moment; mais l'intérêt bien entendu s'accorde toujours avec elle, comme nous l'avons vu plus haut.

*D.* L'histoire ne fait-elle pas mention de plusieurs hommes justes ?

*R.* Oui ; et on pourroit mettre à leur tête l'athénien Aristide, surnommé le Juste. Platon le met d'un seul mot au-dessus de ce que la Grèce avoit de plus grand. *Aristide s'est appliqué,* dit-il, *à remplir Athènes de vertus.*

*D.* Quelle action peut-on citer de lui ?

*R.* Thémistocle demande à l'assemblée du peuple qu'on lui donne quelqu'un pour conférer sur un dessein de la plus grande importance. On jette les yeux sur Aristide, et l'on s'en rapporte à son jugement. Le projet de Thémistocle étoit de brûler la flotte des alliés, ce qui étoit un moyen infaillible de rendre

Athènes l'arbitre de toute la Grèce. Aristide, dans son rapport, dit qu'il n'y avoit peut-être rien de plus utile, mais que rien n'étoit plus injuste que le projet de Thémistocle, et tous les suffrages se réunirent à celui d'Aristide en faveur de l'équité.

*D.* Rapportez encore un trait d'Aristide?

*R.* Il présidoit un jour au jugement de la cause de deux particuliers : l'un d'eux ayant commencé par dire que son ennemi avoit causé dans sa vie beaucoup de maux à Aristide : eh ! mon ami, dit cet homme juste, parlez seulement du tort qu'on vous a fait, car c'est de votre affaire dont il s'agit, et non de la mienne.

*D.* Quel fut le sort d'Aristide ?

*R*. Il jouit de la considéra-tion publique due à sa justice et à son désintéressement. Il fut chargé des finances de la Grèce, contenta tout le monde, et mourut regretté et admiré de tous les citoyens. N'ayant pas laissé de quoi subvenir aux frais de ses funérailles, l'état s'en chargea, et ses filles furent dotées au dépens du public.

*D*. La justice est-elle toujours aussi bien récompensée qu'elle le fut dans Aristide ?

*R*. Les méchans persécutent quelquefois l'homme juste qui contrarie leurs passions.

*D*. L'attachement à nos de-voirs peut donc nous attirer des malheurs ?

*R*. Ces maux sont fort rares. Quand on n'a aucun tort à se re-procher envers les autres, il n'arrive guères qu'ils soient mécontens de nous, et d'ailleurs il reste toujours au juste l'estime des sages et la sienne, qui le console de tous les maux, et qui les lui fait regarder comme nuls.

*D*. Aristide lui-même n'avoit-il pas eu lieu de se plaindre de sa patrie ?

*R*. Oui ; ses concitoyens l'avoient condamné à l'exil.

*D*. Que fit-il en cette occasion ?

*R*. Il pria les Dieux qu'il n'arrivât aucun malheur aux Athéniens.

# CHAPITRE IV.

## *De la Force.*

*D.* La morale nous prescrit-elle pour notre bonheur d'autres vertus que la Prudence et la Justice ?

*R.* C'est un grand moyen de bonheur, que d'agir toujours avec réflexion et avec justice ; mais nous ne pourrions être heureux, si nous ne savions supporter les maux dont la vie humaine est susceptible, ou résister aux passions qui attaquent notre ame ; c'est pourquoi il y a une troisième vertu morale à connoître et à pratiquer.

*D.* Quelle est cette vertu ?

*R.* C'est la Force.

( 35 )

*D.* Qu'entendez-vous par la Force ?

*R.* C'est une fermeté d'ame qui nous fait supporter et vaincre tous les maux auxquels nous sommes exposés. De toutes les vertus c'est la plus noble, et c'est par excellence *la vertu* : ce mot signifie Force, sacrifice, courage.

*D.* Quels sont les maux auxquels nous sommes exposés ?

*R.* Il y en a de deux sortes : les maux Physiques et les maux Moraux. Les maux Physiques ne regardent que le corps : les supporter avec Force, c'est avoir du courage ; les maux Moraux regardent l'ame, se sont les passions ; les surmonter, c'est avoir de la vertu. Nous en parlerons après avoir traité du courage.

*D.* Qu'est-ce qu'un homme courageux ?

*R.* C'est celui qui est inébranlable contre tous les maux physiques, seul comme devant témoins, dans son lit contre la douleur comme dans une armée contre l'ennemi, qui ne cherche ni n'évite le danger, mais qui le voit, le juge et n'en est pas troublé.

*D.* Quels sont les maux physiques ?

*R.* On peut les réduire à trois principaux: la douleur, la pauvreté, la mort.

*D.* Quelles sont les raisons qui peuvent nous faire supporter la douleur avec courage ?

*R.* D'abord il n'est pas en notre pouvoir d'éviter la vieillesse, les maladies, les infirmités. Il faut apprendre à souffrir ce que nous ne pouvons empêcher ; secondement, si la douleur est longue, elle est légère et modérée ; si elle est violente, elle est courte. Dans tous les cas, le temps ou la mort sont nos remèdes. Enfin, mille exemples nous prouvent que la douleur est beaucoup moins grande, quand nous lui opposons une ame forte, que quand nous lui cédons avec foiblesse. Une douleur insupportable pour celui qui est sans énergie, n'est rien pour celui qui a de l'empire sur lui.

*D.* Peut-on citer des exemples d'hommes qui ont souffert une grande douleur avec un grand courage?

*R.* On pourroit en citer beaucoup, et en voici quelques uns: un page d'Alexandre, qui tenoit l'encens dans un sacrifice, se laissa brûler le bras par un charbon ardent, sans se plaindre, sans changer de contenance, pour ne pas troubler la cérémonie.

Pompée surpris par Gentius, qui vouloit le forcer de lui découvrir les desseins de la république, pour montrer qu'aucun tourment ne le feroit parler, mit son doigt au feu et le laissa brûler jusqu'à ce que Gentius lui-même l'en retirât.

Le maréchal de Fabert assiégeoit un château en Flandres ; tandis qu'il montroit à des ingénieurs le côté le plus favorable pour les batteries, un coup de mousquet lui emporte le pouce et l'index ; maîtrisant soudain les douleurs aiguës qu'il ressentoit, il déploya l'autre doigt : *messieurs*, poursuivit-il, *je vous disois donc*, etc. et il acheva sa démonstration.

Dans la guerre d'Amérique, un commandant de vaisseau eut

le bras cassé d'un boulet de ca-
non, il le fait couper et retourne
au combat; un second boulet lui
enlève l'autre bras, il continue
de donner ses ordres, jusqu'à
ce qu'un troisième boulet le ren-
verse mort sur le pont.

*D.* Comment peut-on sup-
porter la pauvreté avec courage ?

*R.* En n'estimant pas plus
qu'ils ne valent ce qu'on appelle
les biens de ce monde. La pauvreté absolue, c'est-à-dire le manque
des choses absolument nécessaires à la vie, est bien rare.
Sachons vivre selon la nature,
nous serons contens de peu, et
nous trouverons toujours ce
qu'il nous faut ; si nous voulons
vivre selon l'opinion, nous ne
le trouverons jamais : *la vertu,*
dit Senèque, *marche fièrement entre l'une et l'autre fortune, dont elle*

*méprise souverainement la faveur ou la disgrace.*

D. Les richesses font elles le bonheur, et la pauvreté rend-elle malheureux ?

R. Non : car ce sont des choses qui nous sont étrangères ; et ce n'est que dans nous-mêmes, que Dieu a placé la source du bonheur ou du malheur ; s'il en étoit autrement, les gens riches seroient heureux, et cependant combien de preuves du contraire ? Combien d'exemples en même-temps, de gens pauvres heureux dans leurs chaumières, au sein de leurs familles, tandis qu'on trouve une infinité de riches malheureux, rongés de soucis, dévorés d'ennuis, qui n'ont connu que le trouble, les peines et les dissentions ? *Tu demandes aux Dieux des richesses,* disoit Diogènes ; *ils t'en accor-*

deroient, *s'ils n'avoient pitié de ta sottise.*

*D.* Comment doit-on considérer la mort ?

*R.* Comme un changement de demeure ; le monde n'est qu'un passage ; la mort est le commencement d'une vie nouvelle à laquelle nous devons sans cesse nous préparer.

*D.* Que faut-il faire pour ne pas craindre la mort ?

*R.* Il faut bien vivre ; à quelque instant que la mort arrive, elle ne pourra jamais nous effrayer : *on n'a jamais peu vécu,* dit Cicéron, *quand on s'est acquitté exactement de tous ses devoirs.*

*D.* Doit-on penser à la mort ?

*R.* Cela est très-utile pour nous aider à bien vivre. Cette pensée élève l'ame, la détache des biens de ce monde, lui fait supporter, avec patience, les maux attachés à l'humanité, et envisager leur fin avec courage. *Toute la vie des philosophes, dit* Socrate, *est une continuelle méditation de la mort.*

*D.* Quel avantage y a-t-il encore à ne pas craindre la mort ?

*R.* Celui d'être utile à sa patrie, en affrontant les dangers de la guerre pour la défendre contre ses ennemis.

*D.* Quel est le devoir d'un homme courageux dans les combats ?

*R.* De n'employer son courage que pour une cause juste. Dans tout autre cas, c'est s'avilir en allant contre les loix de l'honneur ; c'est pourquoi les Stoïciens définissoient le courage : *une vertu qui combat pour la Justice*

*D.* Qu'est-ce qu'un homme vertueux?

*R.* C'est celui qui sait sacrifier ses intérêts , ses goûts , ses passions à son devoir , qui triomphe de lui et règne sur son cœur. Il n'y a point de vertu sans combat , il n'y en a point sans victoire. Brutus faisant mourir ses enfans pouvoit n'être que juste, mais Brutus étoit un tendre père, pour faire son devoir il déchira ses entrailles, et Brutus fut vertueux. Régulus combattant pour sa patrie, opinant dans le sénat contre ses intérêts , souffrant volontairement les tourmens inouis des Carthaginois, est un autre exemple de la plus sublime vertu.

*D.* La gloire accompagne-t-elle toujours la vertu ?

*R.* Non ; parce que la gloire n'est pas la vraie et la première récompense de la vertu , mais le bon témoignage de soi qui est la source du bonheur ; celle-là ne lui manque jamais, et elle s'en contente. Souvent aussi la véritable vertu est suivie de l'estime des hommes et de la gloire : qu'on soit mort ou vivant, la vertu n'est jamais ingrate envers ceux qui l'ont cultivée de bonne foi : Démocrite fut long-temps regardé comme un fou, Socrate fut peu célèbre pendant sa vie, Caton resta long-temps inconnu : *mais*, dit un ancien, *ils ont changé un court espace de temps contre une vie qui ne finira jamais, et la mort a été pour eux un passage à l'immortalité.*

*D.* Comment peut-on parvenir à la vertu ?

*R.* En consultant souvent sa conscience, en ne faisant jamais rien de contraire aux loix de la morale, en fuyant une vie molle et délicate, en ne se livrant aux plaisirs que comme à un délassement , sans jamais s'y laisser entraîner, en n'accoutumant son esprit à ne rien admirer ni desirer , que ce qui est honnête et véritablement grand , et sur-tout en se rappellant les modèles de vertu que les grands hommes nous ont laissés.

*D.* Qu'y a-t-il de plus contraire à la vertu ?

*R.* C'est de se laisser entraîner par les passions déreglées.

*D.* Qu'est-ce que les passions?

*R.* Ce sont des mouvemens de l'ame, qui nous portent avec force vers un but quelconque.

*D.* Les passions sont-elles naturelles ?

*R.* Oui , mais les passions naturelles sont très-bornées ; elles sont les instrumens de notre liberté , et tendent à nous conserver : c'est l'imagination qui les transforme en vices, et elles deviennent bonnes ou mauvaises, selon le but vers lequel elles nous portent.

*D.* N'y a-t-il pas des hommes qui n'ont jamais ressenti ces mouvemens de l'ame ?

*R.* Il s'en trouve. Ceux-là sont ordinairement sans énergie, et souvent sans aucun penchant, pour le bien comme pour le mal, et aussi incapables de l'un que de l'autre ; ce n'est pas être vertueux, c'est être nul.

*D.* Cet état est donc un mal ?

*R.* Oui ; mais il vaut mieux encore n'éprouver aucun mouvement, que d'être livré à des passions désordonnées. Dans le premier cas, c'est être sans vertu ; dans le second, c'est être vicieux.

*D.* Quelles sont les passions déréglées ?

*R.* Ce sont celles qui s'opposent à la voix de notre conscience.

*D.* Quels sont leurs effets ?

*R.* D'obscurcir la raison, qui doit être notre guide, et de nous porter au mal ; mais elles ne peuvent étouffer la conscience, ni l'empêcher de discerner toujours le bien et le mal. Voilà pourquoi les passions déréglées rendent malheureux.

*D.* Quelles sont les passions qui nous détournent du bien ?

*R.* Les principales sont : l'orgueil, l'ambition, l'avarice, l'envie, la colère et la paresse.

*D.* Qu'est-ce que l'orgueil ?

*R.* C'est un excès d'amour-propre, une trop haute opinion que nous avons de nous,

qni fait que nous nous estimons
par-dessus tout.

*D*. Quels sont ses effets ?

*R*. De nous rendre sourds à
la voix de la raison et aux conseils des gens sages , en nous
faisant oublier notre foiblesse.
L'orgueil est la sonrce de plusieurs défauts , qui sont : la va-
nité , l'ostentation , la présomption.

*D*. Qu'est-ce que l'Ambition ?

*R*. C'est un desir immodéré
de la gloire et des honneurs ,
qui nous expose à commettre
l'injustice pour parvenir à notre
but.

*D*. Qu'est-ce que l'Avarice ?

*R*. C'est un attachement ex-
cessif pour l'argent. Cette passion annonce de la bassesse dans
les sentimens , elle produit la
dureté du cœur et l'insensibilité
pour les besoins des autres.

( 49 )

*D.* Qu'est-ce que l'Envie ?

*R.* C'est la peine qu'on res-
sent du bien et des avantages
d'autrui : cette passion produit
la haine, sources d'injustices et
de crimes.

*D.* Qu'est-ce que la Colère ?

*R.* C'est une violente agita-
tion de l'ame, qui nous porte
à repousser sans ménagement
ce qui nous déplaît. Quelques
anciens philosophes la définissoient, *une courte fureur.* Il n'y
a pas de passions, dit Sénéque,
qui soit la source de tant de
maux ; les attentats, les poi-
sons, les incendies, la ruine
des villes en sont la suite : il
n'y en a pas qui soit plus contraire à la justice ; il n'y en a
pas qui soit plus voisine du re-
mords. Pythagore dit, que *la fin
de la colère est le commencement du
repentir.*

E

*D.* Qu'est que la Paresse ?

*R.* C'est une négligence et une inertie de l'ame, qui nous détourne de travailler et d'agir. Elle nous empêche de remplir les devoirs de notre état et ceux de la morale, dont tout homme doit s'acquitter.

*D.* N'y a-t-il pas différens degrés des passions ?

*R.* On peut en distinguer trois. D'abord, le premier mouvement, qui est involontaire, est une disposition à la passion : c'est une altération de l'ame, dont l'habitude de ses devoirs et une exacte vigilance peut affoiblir l'impression.

*D.* Que faut-il faire pour empêcher la passion de naître ?

*R.* Il faut étudier ses défauts, savoir quelles sont les choses auxquelles nous sommes le plus sensibles, et ne nous y exposer qu'avec réflexion.

*D.* Quel est le second degré de la passion ?

*R.* Le second degré de la passion est accompagné d'un plein consentement de notre volonté : par exemple , je suis résolu de me venger , parce qu'on m'a offensé.

*D.* Comment peut-on surmonter ce second degré de la passion ?

*R.* Comme c'est le jugement qui le produit, il doit aussi être corrigé par le jugement ; et ce sont ici les préceptes de la morale qu'il faut appeller à son secours, pour les mettre en pratique.

*D.* Quel est le troisième degré de la passion ?

*R.* C'est un empire absolu qu'elles ont sur nous , et qu'elles ont pris , par l'habitude où nous sommes de leur céder toujours sans résistance.

( 52 )

*D*. Comment résister à ce troisième degré des passions ?

*R*. C'est ici que la Force est nécessaire. Il n'y a que les ames courageuses et élevées, qui sachent combattre et vaincre : mais cette victoire honore et annoblit vraiment l'homme. *Commander à soi*, dit Sénèque, *est le plus beau de tous les empires;* comme aussi, la plus honteuse servitude est d'être esclave de ses passions.

*D*. Quels sont les remèdes contre la Colère ?

*R*. Le principal est de ne pas agir, quand on éprouve cette passion. Les hommes vertueux de l'antiquité nous en fournissent plusieurs exemples. Socrate dit à son esclave : *je te battrois, si je n'étois pas en colère;* Platon suivit son exemple en pareil cas ; Archytas dit la même chose à son fermier , qui avoit négligé ses champs.

*D.* N'y a-t-il pas d'autres passions que celles dont on a parlé ci-dessus ?

*R.* Nous n'avons parlé que des principales : il y en a d'autres qui viennent de celles-là, ou qui n'entraînent pas après elles d'aussi grands maux. Deux des plus ordinaires , sont la crainte et la tristesse.

*D.* Quel est le remède contre la crainte ?

*R.* C'est de considérer que nous sommes aussi sujets à nous tromper dans nos craintes que dans nos espérances ; qu'ainsi , c'est souffrir en idée des maux qui n'arriveront peut-être jamais. Il faut encore nous familiariser de longue-main avec les dangers les plus grands où nous puissions tomber , tenter quelquefois les hasards , pour y essayer notre courage , *saisir les armes de la fortune* , car il nous est bien plus aisé de lui résister , quand nous l'attaquons , que quand nous nous défendons d'elle.

*D.* Quels remèdes y a-t-il contre la tristesse ?

*R.* Il y en a de deux sortes ; le premier , c'est de regarder les maux d'un œil ferme , et de les dédaigner. Cette manière de se délivrer de la tristesse ne convient qu'aux ames élevées ; le second est de donner le change aux pensées qui nous affectent, en s'occupant d'autres idées , en ne restant pas oisifs, et en nous livrant à l'exercice qui distrait l'ame , et la soulage en fatiguant le corps.

# CHAPITRE V.

## *De la Tempérance.*

*D.* Quand on est prudent, juste et vertueux, que reste-t-il encore à faire pour être sage, et par conséquent heureux?

*R.* C'est de parvenir à une parfaite tranquillité d'ame.

*D.* Qu'est-ce qui peut nous donner cette tranquillité d'ame?

*R.* C'est de modérer toutes nos affections, de prendre la raison pour guide dans tout ce que nous devons fuir ou desirer, et de chercher en tout un juste milieu.

*D.* Comment se nomme la vertu qui nous impose ces obligations?

*R. La Tempérance* : elle est la quatrième et la dernière des vertus morales.

*D.* Quelles sont les choses particulières dans lesquelles nous avons principalement besoin de Tempérance ?

*R.* Elle doit nous servir de guide, 1°. dans la prospérité ; 2°. dans les plaisirs ; 3°. dans la gloire ; 4°. dans le boire et le manger.

*D.* Pourquoi faut-il être modéré dans la prospérité ?

*R.* Parce que rien n'est si incertain que les faveurs de la fortune. Il ne faut pas y attacher un trop grand prix, si l'on ne veut pas être affecté trop vivement de leur perte, qui peut arriver d'un instant à l'autre.

*D.* Que doit-on penser des Richesses ?.

*R.* Il ne faut ni les fuir , ni

les rechercher trop avidement, mais en jouir sagement, quand on les possède. On sera toujours content de ce qu'on a, si l'on pense qu'il y a des milliers d'hommes qui en ont encore moins. Apprenons à devenir chaque jour plus réservés, plus tempérans, plus doux, plus frugals, nous ne craindrons pas la pauvreté. *Il en coûte plus*, dit Confucius, *pour nourrir un vice, que dix malheureux.* Apprenons sur-tout à régler nos besoins, à ne pas nous en faire d'inutiles, et ayons toujours présente cette pensée de Pythagore : *Dès que tu passes la mesure du besoin, tu te jettes dans l'immensité du desir.*

*D.* Quelles règles la Tempérance prescrit-elle dans les plaisirs?

*R.* Il y en a trois principales.

*D.* Quelle est la première ?

*R.* C'est qu'ils ne causent à personne, ni offense, ni scandale, ni préjudice.

*D.* Quelle est la seconde ?

*R.* Il faut qu'ils ne nuisent ni à notre réputation, ni à notre santé, ni à nos devoirs.

*D.* Quelle est la troisième ?

*R.* Il ne faut pas s'y livrer entièrement, ni en faire sa principale affaire; mais en user modérément.

*D.* Pourquoi cela ?

*R.* Parce qu'alors leur privation nous est moins pénible, et sur-tout parce que, s'ils sont poussés trop loin, ils efféminent et rendent incapables des vertus. Xerxès, pour punir les Babyloniens révoltés, et s'assurer d'eux à l'avenir, leur défendit tout exercice pénible, et leur permit toutes sortes de plaisirs et de délices.

*D*. L'amour de la gloire n'est-
il pas une chose bonne en elle-
même ?

*R*. Oui ; il est souvent la
source des grandes actions : il
peut servir à l'utilité générale,
et nous mériter l'estime publique, que le sage peut rechercher ; mais il ne faut jamais que
l'amour de la gloire nous fasse
négliger aucune vertu.

*D*. Un homme qui recherche
la gloire, peut-il espérer de
s'en procurer une durable ?

*R*. Oui, si ses actions sont
vraiment utiles à la patrie, et
si elles n'ont pas pour principe
son seul intérêt personnel.

*D*. Tout le monde peut-il acquérir de la gloire ?

*R*. Non ; pas même tous ceux
qui en seroient dignes, parce
qu'il faut pour cela des circons-
tances favorables : mais si tout

homme n'est pas à portée de faire de grandes actions, il n'y a personne qui n'en puisse faire de bonnes, et le sage est content, quand il jouit de sa propre estime, et qu'il est considéré de ceux avec lesquels il a des relations.

*D.* A quoi sert la Tempérance dans le boire et dans le manger?

*R.* C'est à elle que nous devons la santé, un jugement libre et sain, une vieillesse exempte d'infirmités. Une vie sobre et modérée, dit Fénélon, libre d'inquiétudes et de passions, réglée et laboriesuse, retient dans les membres d'un homme sage la vive jeunesse, qui, sans ces précautions, est toujours prête à s'envoler sur les aîles du temps.

*D.* L'intempérance n'est-elle pas la source des vices ?

*R.* Oui , et quelquefois des crimes. La gourmandise et l'ivrognerie, sont elles-mêmes des vices lâches et grossiers ; elles assoupissent et rendent comme hébété. Il suffiroit de définir l'ivrognerie et d'en peindre les suites, pour en inspirer l'horreur à tout homme raisonnable : *l'ivresse* , dit Senèque , *est une folie volontaire.*

*D.* Quelle considération doit sur-tout nous faire éviter l'excès du vin ?

*R.* C'est que l'ivresse écarte la honte , ce frein puissant des passions; c'est à la honte, que la plupart des hommes , qui n'ont pas assez de force pour résister à leurs passions , sont redevables de n'avoir pas commis bien des excès auxquels ils se seroient portés.

*D.* Ne trouve-t-on pas dans

l'histoire, des exemples des effets de l'intempérance?

*R.* Alexandre s'enivre et
tue son ami ; revenu à lui , il
veut se tuer lui-même ; il meurt
dans un repas, à la fleur de son
âge. L'Intempérance rendit
Marc-Antoine cruel au point
de faire apporter sur sa table
les têtes des premiers citoyens;
dans la chaleur d'un repas somp-
tueux , il se plaisoit à y recon-
noître les traits de ceux qu'il
avoit proscrits. Excédé de vin ,
il avoit encore soif de sang.

*D.* Citez des exemples des
heureux effets de la sobriété ?

*R.* Socrate jouissoit dans sa
vieillesse d'une santé forte et
vigoureuse. Massinissa, le plus
sobre des rois , vainquit les
Carthaginois à 92 ans. Les La-
cédémoniens faisoient profes-
sion de frugalité et de sobriété,

et l'on sait quels hommes ils étoient.

*D.* Comment la Tempérance procure-t-elle la tranquillité d'ame si nécessaire au bonheur ?

*R.* Parce qu'en pratiquant cette vertu , nous sommes toujours content de notre condition ; nous profitons de tous les avantages qu'elle peut nous donner , sans vouloir la changer ; nous devenons insensibles aux peines qui nous arrivent , et nous prenons même les adversités en bonne part. On annonça à Zénon que tous ses biens avoient péri dans un naufrage : *la fortune*, dit-il , *me fournit le moyen de philosopher avec une plus grande liberté d'esprit.*

# CHAPITRE VI.

## *De la Probité.*

*D*. A quoi parvenons nous par l'exercice continuel des vertus morales ?

*R*. A être homme de bien ou homme de probité.

*D*. Qu'est-ce que la Probité ?

*R*. C'est l'habitude des actions honnêtes et justes par rapport aux autres.

*D*. Pourquoi dites-vous l'habitude ?

*R*. Parce qu'une seule action honnête ne suffit pas pour faire un homme de bien.

*D*. Suffit-il de pratiquer les vertus morales pour être vraiment homme de bien ?

( 65 )

*R.* Non, car on pourroit être tempérant par foiblesse, ne pas craindre les dangers faute de jugement, être juste par intérêt ou par crainte, être ainsi à couvert de tout reproche de la part des hommes, et l'on ne seroit pas pour cela homme de Probité.

*D.* En quoi consiste donc la Probité ?

*R.* Dans la délicatesse des sentimens, joints à la pratique des vertus morales, et dans un attachement scrupuleux à tous ses devoirs.

*D.* Quels sont les sentimens d'un homme de probité ?

*R.* Les principaux sont l'honnêteté de l'ame, le désintéressement, l'honneur.

*D.* Qu'est-ce que l'honnêteté de l'ame ?

*R.* C'est un sentiment vif et

délicat , qui repousse avec horreur ce qui est mal , et qui nous
porte à ne vouloir et à ne faire
que ce qui est bien.

*D.* Qu'est-ce que le désintéressement ?

*R.* C'est un sentiment qui ex-
clut dans nos actions tout autre
motif que celui de bien faire.

*D.* Qu'est-ce que l'honneur ?

*R.* C'est un sentiment élevé
qui résulte du témoignage d'une
ame droite ; il a sa source dans
le cœur de l'homme juste , et
dans la règle inaltérable de ses
devoirs.

*D.* Comment peut-on recon-
noître en soi l'exacte Probité ?

*R.* En examinant non seulement ses actions , mais encore
le motif qui les fait entreprendre.

*D.* N'y a-t-il pas une maxime
de morale dont l'observation

exacte et précise fait la probité?

*R.* C'est celle-ci : *ne faites pas
à autrui ce que vous ne voudriez pas
qui vous fut fait.* Tout ce que les
vertus morales prescrivent ,
tout ce que la conscience inspire est renfermé dans cet axio-
me si connu.

*D.* Quelle différence y a-t-il
entre la vertu et la probité ?

*R.* Nous avons vu au chapitre de la Force , ce que c'étoit
que l'homme vertueux , par
rapport à lui même. La Probité
s'entend particulièrement des
actions qui ont les autres hommes pour objet ; elle défend ce
qui peut leur nuire. Quand
l'homme de bien observe cette
maxime : *faire à autrui ce que nous
voudrions qui nous fut fait* , il est
vertueux par rapport aux autres;
la vertu consiste toujours dans

un effort sur nous-mêmes , ou pour notre propre bonheur, ou pour celui des autres. *La Probité défend , la vertu commande ;* voilà la différence: mais pour être partement honnête homme , il ne suffit pas de s'abstenir du mal , il faut encore faire le bien. *Si tu savois ,* disoit Démocrite , *que ton ennemi lui-même dût s'asseoir sur un Aspic caché sous l'herbe , tu serois un malhonnête homme de ne pas l'avertir du danger.*

*D.* Dites-nous les noms de quelques hommes de bien de l'antiquité ?

*R.* Drusus, fameux Romain, dont la maison étoit construite de manière qu'on pouvoit voir tout ce qu'on y faisoit; Chilon, l'un des sept sages de la Grèce; Phocion si connu par sa probité.

*D.* Rapportez un trait **de la** probité de Phocion ?

*R*. Il refusa constament d'agir en faveur de son gendre Charicles , appellé en justice pour rendre compte des sommes qu'il avoit reçues d'un ennemi de la Patrie; il lui dit ces belles paroles: *je t'ai fait mon gendre , mais pour choses bonnes et honnêtes.*

*D*. Chilon n'eut-il rien à se reprocher contre la probité ?

*R*. Il disoit en mourant : *Je ne suis coupable que d'un seul crime , c'est d'avoir, pendant ma magistrature , sauvé de la rigueur des loix un criminel , mon meilleur ami.* Cette idée empoisonnoit ses derniers momens.

*D*. Rapportez un trait de probité du Maréchal de Turenne ?

*R*. Les principaux d'une ville vinrent lui offrir cent mille écus , à condition qu'il ne passeroit pas sur leur territoire avec son armée. *Votre ville, leur dit-il, n'est pas sur la route que je veux prendre, et je ne puis en conscience accepter la somme que vous m'offrez.*

*D.* Quels sont les devoirs d'un homme de probité ?

*R.* Les principaux sont : la Religion, la Piété envers ses parens, la bonne Foi et la Sincérité, la Bienfaisance, l'Obéissance aux loix, et l'Amour du travail.

# CHAPITRE VII.

## De la Religion.

*D.* Quel est le premier devoir d'un homme de bien ?

*R.* C'est la Religion ou la piété envers Dieu.

*D.* Qu'est-ce qu'un homme pieux ?

*R.* C'est celui qui, suivant les préceptes que l'Être-Suprême nous a donnés, lui offre sa propre perfection, comme le plus grand honneur qu'il puisse rendre à l'auteur de l'univers.

*D.* Nous devons donc rapporter à Dieu toutes nos actions ?

*R.* Oui ; et c'est lui rendre le culte qui lui est dû, que d'en faire de bonnes. *Dieu n'a pas sur la terre un lieu plus propre à y habiter, qu'une ame pure.*

*D.* Quels sont les préceptes que Dieu a donnés aux hommes?

*R.* Ceux de la morale la plus pure et la plus sublime. *Aimer Dieu par-dessus tout, et son prochain comme soi-même*, est le sommaire de la loi divine.

*D.* N'y a-t-il pas un culte extérieur pour honorer Dieu ?

*R.* Oui ; mais en le suivant, il faut être bien persuadé que la pureté du cœur peut seule donner aux pratiques extérieures la sainteté, qui, sans cela, ne seroit qu'une vaine cérémonie.

*D.* Que doit-on penser de ceux qui font consister la Religion dans des cérémonies et des pratiques extérieures de dévotion ?

*R.* Il faut les plaindre ; et si nous avons quelque pouvoir sur eux , tâcher de les éclairer.

*D.* Et ceux qui n'ont aucune Religion ?

*R.* Ils sont encore plus à plaindre , puisqu'ils manquent au premier devoir d'un homme de bien. Il faut leur donner des conseils charitables , tâcher de les convaincre et de les ramener dans le bon chemin , mais sur-tout ne pas les haïr.

*D.* Pourquoi cela ?

*R.* Parce que ce seroit manquer de justice , de bienfaisance , et de sagesse; et que c'est par la douceur, plus que par la violence , qu'on peut les convaincre et leur donner des sentimens qui seroient nuls , s'ils n'étoient pas volontaires.

*D.* Qu'est-ce qui nous prescrit la piété envers Dieu ?

*R.* C'est la justice. Puisqu'elle consiste à rendre à chacun ce qui lui appartient, nous devons honorer Dieu, dont nous tenons tout. Nous sommes aussi portés à la piété, par le desir de la perfection, à laquelle doit tendre tout être raisonnable. La Religion est la perfection de la morale ; c'est elle qui l'annoblit et lui donne un but plus élevé et plus grand que celui de notre bonheur dans ce monde : c'est en ce sens *que la race des hommes est divine*, comme le dit un ancien.

*D.* Quel est le meilleur moyen pour conserver des sentimens de Religion ?

*R.* C'est de tenir son ame en état de desirer qu'il y ait un Dieu, et l'on n'en doutera jamais. C'est alors que nous trouverons notre véritable intérêt à être bon, à faire le bien, loin des regards des hommes, et à porter dans

notre cœur la vertu , non seulement pour l'amour de l'ordre , mais pour l'amour de l'auteur de notre être, dont l'existence et la grandeur sont an-
noncés par toute la nature.

# CHAPITRE VIII.

*De la Piété envers nos parens.*

*D.* Après la piété envers Dieu, quel est le devoir d'un homme de bien ?

*R.* C'est la piété envers ses parens.

*D.* Aimer ses parens est donc un devoir indispensable ?

*R.* Oui : et l'amour qu'on leur doit est fondé sur la justice et la reconnoissance que nous imposent leurs bienfaits.

*D.* Quels sont les principaux devoirs des enfans envers leurs parens ?

*R.* On peut les réduire à cinq ; le premier est de les respecter, non seulement extérieurement par sa contenance et ses actions, mais encore intérieurement , en ayant d'eux une haute opinion , comme tenant la place de Dieu sur la terre à leur égard.

*D.* Quel est le second ?

*R.* De leur obéir en tout , même dans leurs ordres les plus sévéres.

*D.* Quel est le troisième ?

*R.* De les secourir dans leur vieillesse ou dans leurs besoins, de faire tout pour eux , puisqu'on en a tout reçu. C'est un devoir bien doux à remplir pour un cœur honnête , la récompense est dans l'action même.

*D.* Quel est le quatrième ?

*R.* De ne rien faire ni entreprendre d'important, sans leur avis et leur consentement.

*D.* Quel est le cinquième ?

*R.* De supporter avec dou-

cenr leurs défauts et leur sévérité, en pensant que leurs im-
perfections ne leur ôtent pas
le droit de pères, et que c'est
d'eux que nous tenons tout.

*D.* Citez un exemple de piété
filiale ?

*R.* Les Grecs ayant pris et
brûlé la ville de Troie, permi-
rent aux habitans ds se retirer
et d'emporter avec eux ce qu'ils
avoient de plus cher. Énée prit
ses Dieux et son père sur ses
épaules, et sortit de la ville; les
Grecs touchés de sa piété, lui
rendirent tous ses biens.

*D.* Ne devons-nous avoir de
la déférence et du respect que
pour nos parens ?

*R.* Nous en devons aussi à
tous nos supérieurs, aux hommes vertueux, et sur-tout à la
vieillesse, à laquelle les peu-
ples les plus sages ont toujours
rendu les plus grands honneurs.

*D*. Pourroit-on en citer des exemples ?

*R*. Chez les anciens Romains, les plus jeunes étoient obligés de respecter les plus vieux autant que leurs parens, en leur cédant la première place partout, et en se levant devant eux quand ils paroissoient. A Sparte, cette école des vertus, les premiers honneurs étoient rendus à l'âge, et il étoit passé en proverbe, qu'il étoit beau d'y vieillir.

# CHAPITRE IX.

*De la Bonne-foi et de la Sincérité.*

*D.* Quel est le troisième devoir de l'homme de bien ?

*R.* C'est la Bonne-foi et la Sincérité.

*D.* Qu'est-ce que la Bonne-foi ?

*R.* C'est l'attachement inviolable à notre parole.

*D.* Quel devoir nous impose la Bonne-foi ?

*R.* De ne jamais tromper personne.

*D.* Qui est-ce qui nous oblige à garder notre parole ?

*R.* La justice et notre intérêt qui s'accorde toujours avec elle.

*D.* Comment la Justice nous oblige-t-elle à garder notre parole ?

*R.* Parce que c'est faire une chose injuste, que de ne pas donner, dire ou faire à quelqu'un ce quon lui a promis, et ce qui est par-là devenu sien ; c'est le priver de ce qui est à lui.

*D.* Comment notre intérêt nous olige-t-il à tenir ce que nous avons promis ?

*R.* Parce qu'en agissant autrement, nous perdons l'avantage que nous aurions pu nous procurer une autre fois de la même manière; c'est de-là qu'est venu le proverbe : *un menteur n'est pas cru, quand méme il diroit la vérité.*

*D.* Qu'est-ce que mentir ?

*R.* C'est parler contre sa conscience.

*D.* Il ne faut donc pas mentir ?

*R.* Non ; car nous perdons par-là le bonheur attaché au repos de la conscience, et nous agissons contre notre intérêt. Un menteur est bientôt reconnu pour tel ; il est méprisé des autres, et perd toute confiance.

*D.* En combien de manières peut-on mentir ?

*R.* En deux manières : en assurant comme vrai, ce qu'on sait être faux, et en taisant une vérité qu'on doit dire.

*D.* Est-ce mentir que de cacher quelquefois sa pensée ?

*R.* Non, quand on n'est pas obligé de la dire : il ne faut jamais dire que ce qu'on pense, mais il ne faut pas toujours dire tout ce qu'on pense.

*D.* Pourquoi cela ?

*R.* Parce qu'il y a des vérités qui peuvent nuire aux autres, qui ne peuvent être utiles à

personne, et qu'on doit taire
quand on n'est pas obligé de
les dire.

*D.* Dans quels cas sommes
nous obligés de dire la vérité?

*R.* Quand on nous interroge,
et qu'on a droit de le faire, il
faut alors parler selon sa conscience et sans déguisement.

*D.* Qu'est-ce que la sincérité?

*R.* C'est l'habitude de dire la
vérité.

*D.* Pourquoi dites-vous l'habitude ?

*R,* Parce qu'un menteur ou
un homme faux, peut quelquefois dire la vérité : il n'est pas
pour cela un homme sincère ,
c'est seulement un homme qui
dit la vérité pour le moment.

*D.* Quelle différence y a-t-il
entre la sincérité et la franchise ?

*R.* C'est que la sincérité est
une qualité qu'on peut acquérir,

au lieu que la franchise vient du caractère. Un homme franc se montre naturellement tel qu'il est.

*D.* Qu'entendez-vous par se montrer tel que l'on est ?

*R.* C'est ne pas déguiser ses sentimens, sa conduite , ses inclinations.

*D.* Que doit-on penser d'un homme sincère ?

*R.* Que c'est un homme de bien. Quand on est bon , on ne craint pas de se montrer , et il n'y a que les méchans qui se cachent.

*D.* Que doit-on faire pour acquérir la sincérité ?

*R.* Le premier pas est de connoître et de bien remplir ses devoirs , d'être toujours en paix avec sa conscience : alors on aura un grand intérêt à être sincère , puisque ce sera le moyen d'être estimé des autres.

*D.* Un homme qui a des défauts, doit-il se montrer tel qu'il est?

*R.* Un homme qui a des défauts, mais dont le caractère est franc, ne peut tarder à devenir meilleur ; car il ne voudra pas se montrer à son désavantage. La franchise est donc une des plus belles qualités qu'on puisse avoir, puisqu'elle mène au bien, et la fausseté un des plus grands vices, le seul qui puisse faire désespérer d'un homme déjà vicieux.

# CHAPITRE X.

## *De la Bienfaisance.*

*D.* N'avons-nous pas dans nos cœurs un sentiment naturel, qui étend nos affections au - delà nous ?

*R.* Oui.

*D.* Quel est ce sentiment ?

*R.* C'est la sensibilité.

*D.* Quel effet produit en nous la sensibilité ?

*R.* La pitié pour les maux d'autrui.

*D.* A quoi nous porte la pitié ?

*R.* A soulager, autant que nous le pouvons, ceux que nous voyons souffrir.

*D.* Quelle est la vertu qui

nous oblige à secourir les autres?

*R.* La *Bienfaisance.*

*D.* Comment peut-on considérer les secours que nous devons aux autres?

*R.* De deux manières. Nous
les devons gratuits, s'ils sont
dans l'état d'enfance, de foiblesse, d'indigence ou d'infir-
mité; d'autant que c'est une
dette à acquitter, puisqu'il n'y
a pas d'hommes qui ne doivent
l'existence à de tels secours, et
qui n'en aient reçu sans nombre, au moins dans son enfance.

*D.* Quelle est la seconde manière de considérer les secours
auxquels nous sommes tenus
envers les autres?

*R.* Ils doivent être récipro-
ques dans l'état de puissance,
de force ou de santé, puisqu'a-
lors cette réciprocité est prescri-

te par l'intérêt de tous ceux qui y ont part, et qui font pour cela d'eux-mêmes des conditions formelles ou tacites.

D. Comment peut-on pratiquer la Bienfaisance ?

*R.* En aidant de ses biens et de ses conseils ceux qui en ont besoin, en contribuant à leur instruction, en leur portant des secours de toute espèce.

*D.* Tout homme peut donc être bienfaisant ?

*R.* Oui; car être bienfaisant, ce n'est pas seulement donner. Combien de malheureux ont encore plus besoin de consolation que d'argent ! Le plus bel usage que les riches puissent faire de leurs biens, est d'en aider ceux qui en manquent ; mais il reste encore aux autres mille moyens d'exercer la Bienfaisance.

( 89 )

*D.* Quel avantage peut nous procurer la Bienfaisance ?

*R.* Un bien grand, l'estime de tout le monde, la reconnoissance et l'amitié des malheureux. On aime ceux qui nous font du bien ; c'est un sentiment si naturel ! il est rare qu'un vrai bienfait fasse un ingrat.

*D.* Un homme bienfaisant est donc bien estimable ?

*R.* C'est la plus fidèle image de la Divinité, qui veut le bonheur des hommes.

*D.* L'homme riche ou puissant n'a-t-il pas plus de moyens qu'un autre pour exercer la Bienfaisance ?

*R.* Oui ; car outre les secours de toute espèce qu'il peut donner, comme les autres, il peut y joindre les secours pécuniaires, ou tous ceux que son crédit peut lui procurer ; il peut sauver de la misère de pauvres familles honnêtes , protéger l'innocent opprimé , soutenir le foible ; et s'il a un cœur sensible , ce sera pour lui une source de joie la plus pure et la plus délicieuse. *Je suis heureux* , disoit Louis XII , *parce que j'ai le pouvoir de faire le bien.*

*D.* C'est donc un avantage d'être riche ou puissant ?

*R.* Un très-grand avantage, un grand moyen de bonheur, quand on en fait un noble usage; mais aussi une source de maux irréparables, quand on n'en sait pas jouir.

*D.* Quels sont les maux ordinaires aux riches et aux gens puissans ?

*R.* Un des plus grands est l'ennui , causé par la satiété des plaisirs et le vuide de l'ame. Les plaisirs, sur-tout ceux des gens riches, les plaisirs bruyans, deviennent fastidieux, poussés à l'excès, et trop long-temps continués; le vuide de l'ame vient du défaut d'alimens honnêtes, tels que la Bienfaisance.

*D.* Quelles sont les principales qualités d'un homme bienfaisant ?

*R.* La bonté, la bienveillance et la douceur, sentimens qui plaisent à tous les hommes, et qui contribuent tous à notre bonheur.

*D.* Qu'est-ce que la bonté ?

*R.* C'est une disposition naturelle de l'ame, qui nous porte à obliger et à faire du bien.

*D.* Qu'est-ce que la bienveillance ?

*R.* C'est un sentiment qui nous porte à vouloir du bien aux autres.

*D*. Quelle différence y a-t-il entre la bonté et la bienveillance

*R*. C'est que la bienveillance est un effet dont la bonté est la cause.

*D*. Pour qui devons - nous avoir de la bienveillance ?

*R*. Pour tout le monde ; et ce sentiment se nomme alors humanité : mais nous en devons particulièrement à ceux qui nous sont inférieurs.

*D*. Une extrême bonté n'est-elle pas quelquefois dangereuse?

*R*. Oui, et c'est même un défaut, une foiblesse de l'ame, si l'on ne sait pas s'armer à propos de sévérité contre le vice. L'homme qui a le plus de bonté est souvent le plus terrible aux méchans.

*D*. L'indulgence pour les défauts d'autrui n'est-elle donc pas une belle qualité ?

*R.* Oui ; et l'homme le plus sage est aussi le plus indulgent : mais il faut savoir distinguer le cas où l'indulgence pour les défauts pourroit causer un mal réel, et les rendre plus graves. L'homme bienfaisant est indulgent, il l'est pour les fautes qui tiennent à la foiblesse humaine, pour celles qui ne peuvent blesser que lui ; mais il est sévère et terrible pour ceux qui sont vicieux dans le cœur, et pour les fautes qui nuisent à à l'ordre public.

*D.* Y a-t-il quelqu'avantage à être doux et indulgent ?

*R.* Oui sans doute ; et l'on a vu souvent des gens qui avoient résisté à la force, à la puissance et à toute sorte de moyens, se laisser gagner par la douceur et l'indulgence.

*R.* Ne pourroit-on pas en citer un trait de Licurgue ?

*R.* Oui. Lorsque ce sage législateur voulut établir la réforme dans Lacédémone, une foule de citoyens s'éleva contre lui, et lui jura une haîne éternelle. Un jeune homme entr'autres, nommé Alexandre, le poursuivit daus la place publique et lui creva un œil d'un coup de bâton. Le peuple indigné de cette violence, livra le coupable au législateur, pour qu'il en tirât vengeance. Licurgue l'emmena chez lui, et le traita avec tant de douceur et de bonté, que le jeune homme, charmé de sa vertu, fut depuis un de ses plus zélés partisans.

# CHAPITRE X·I

*De l'Obéissance aux Loix.*

*D.* Quel est le but des Loix ?

*R.* De garantir la propriété et l'honneur de chacun, et de le défendre des injustices et des violences des méchans ; l'homme de bien les respecte et les observe toujours.

*D.* L'Obéissance aux Loix est-elle aussi prescrite par la Justice ?

*R.* Oui, puisque leur but est de forcer à la Justice, les méchans et les hommes sans morale.

*D.* Faut-il obéir aux loix contre son intérêt ?

*R.* Oui ; car notre intérêt du

moment ne nous permet jamais de manquer aux devoirs de la Justice et de la Probité ; et si nous voulons bien y penser, nous verrons qu'il est toujours de notre intérêt de faire le bien. Les hommes qui ont la meilleure morale, sont persuadés que tout ce qui est juste est utile, et qu'il n'y a de nuisible que l'injuste.

*D.* Quel est le devoir que nous impose l'obligation d'obéir aux loix ?

*R.* C'est celui de respecter le Roi et les Magistrats, qui sont les organes et les dépositaires de la Loi, et de leur obéir sur le champ, quand ils parlent en son nom.

*D.* Pourquoi cela ?

*R.* Parce que la sûreté et la tranquillité de la société, ne pouvant subsiter que par les loix , c'est la troubler que de s'opposer à leur exécution ; et que les loix étant faites pour tous , on ne peut désobéir aux magistrats sans nuire à tout le monde.

*D*. L'homme de bien doit-il se soumettre au jugement d'hommes injustes ?

*R*. Socrate lui en donne un bel exemple. Condamné à mort injustement , il refusa de sortir de prison , ce qu'il pouvoit faire ; il montra par-là , la soumission respectueuse que l'homme de bien doit avoir pour les loix.

# CHAPITRE XII.

## *De l'amour du Travail.*

*D.* Pourquoi l'amour du Travail est-il un des devoirs de l'homme de bien ?

*R.* Comme nous devons tous la vie, et ce que nous avons d'instructions, à des services que d'autres hommes nous ont rendus, nous sommes tous obligés d'acquitter cette dette, et le plus homme de bien, est celui qui la paye le mieux ; il met donc le Travail au nombre de ses devoirs.

*R.* Tout homme est-il obligé de travailler ?

*R.* Oui ; puisque tout homme jouit des avantages de la société , il est obligé d'y concourir en travaillant selon son état et ses forces ; sans cela, il fait un vol manifeste à la société en jouissant de tous ses avantages sans rien mettre du sien. Le devoir du Travail est donc prescrit par la justisce.

*D.* L'homme riche doit donc travailler aussi-bien que le pauvre ?

*R.* Oui ; Car tout homme est obligé de travailler non-seulement par besoin , mais encore pour acquérir de l'instruction et des connoissances qui puissent servir à l'utilité de la société ; l'homme riche doit aussi travailler pour éviter le danger de l'oisiveté qui est la source de tous les vices : *en ne faisant rien, disoit le roi de Pologne , on apprend ordinairement à mal faire.*

*D.* Tous les états sont-ils également estimables ?

*R*. Aucun n'est méprisable quand il n'exige rien de contraire aux loix de la justice et de la probité , ni des qualités odieuses dans ceux qui les exercent.

*D*. Y a-t-il des états plus estimables les uns que les autres?

*R*. Oui : l'estime qu'on doit avoir pour chaque état , est en raison des talens et des vertus qu'il éxige , et de l'utilité dont il peut être à la société.

*D*. Combien peut-on distinguer d'états dans la société ?

*R*. On peut les réduire à douze, auxquels tous les autres emplois ou les autres professions peuvent se rapporter.

*D*. Quel rang leur assigneriez-vous ?

*R*. La plus belle de toutes les fonctions humaines , est celle de législateur; il faut pour cela une étonnante capacité, beaucoup d'amour pour la justice, et c'est aussi au législateur qu'est réservé le droit de la faire respecter.

*D.* Quel état placeriez-vous au second rang ?

*R.* Celui d'administrateur ; il exige presque autant de talens que le premier, encore plus de travail, et il peut faire des biens infinis.

*D.* Quel est le troisième ?

*R.* Celui d'écrivain moral et politique ; il peut être d'un grand secours aux deux premiers, il exige du talent, du génie, de l'éloquence, du travail ; et il faut pour le remplir, être bien instruit des droits et des devoirs de l'homme.

*D.* Quel est le quatrième ?

*R.* Celui de médecin ; il demande des connoissances très-

étendues, qui satisfont l'esprit ;
il soulage l'humanité , ce qui
élève le cœur. C'est un plaisir
ineffable en regardant un homme de dire : je lui ai conservé
la vie.

*D.* Quel est le cinquième ?

*R.* Celui d'avocat ou d'homme
de loi ; il a plus d'éclat pour un
homme de talent que celui de
médecin , il peut sauver des
innocens , protéger des malheureux , et faire échapper de pauvres familles aux dangers nom-
breux d'une législation impar-
faite.

*D.* Quel est le sixième ?

*R.* Celui d'instituteur public
ou particulier. Préparer des
hommes à la vertu et aux sciences, est une fonction qui a quelque chose de divin. L'utilité
pour le genre humain peut en
être immense.

( 103 )

*D.* Quel est le septième?

*R.* Celui de propriétaire ou de laboureur instruit, menant avec intelligence un grand attelier de culture, et distribuant des salaires à un grand nombre d'ouvriers, qu'il emploie pour leur bien, à l'utilité publique et à la sienne. Dans cette classe sont aussi les commerçans, hommes estimables, nécessaires à l'état, et dont la science, moins précieuse, est plus étendue que celle de l'agriculteur.

*D.* Quel est le huitième?

*R.* Celui du savant géomètre, méchanicien, chymiste, physicien, reculant l'étendue des connoissances humaines, faisant des découvertes utiles à la société, et qui lui procurent des jouissances nouvelles.

*D.* Quel est le neuvième?

*R*. Celui des artistes dont l'état demande une assez forte teinture des sciences, et peut être d'une assez grande utilité sociale, tels sont les architectes, les ingénieurs, etc.

*D*. Quel est le dixieme ?

*R*. Au dixieme rang sont les artistes qui ne cultivent que les beaux arts de pur agrément ; poëtes, musiciens, sculpteurs, graveurs, etc. Ils ont droit aux battemens de mains, salaire frivole, mais flatteur, comme leurs brillantes occupations.

*D*. Quel est le onzieme ?

*R*. Celui des artisans qui exercent des professions utiles, et travaillent pour gagner leur pain et nourrir leurs familles. Cette classe comprend tous les métiers et les arts méchaniques : tous ceux qui la composent ont droit à l'estime, quand

ils sont laborieux, sages et honnêtes.

*D.* Quel est le douzième et
dernier état ?

*R.* Celui des rentiers et des
propriétaires qui, de leurs ter-
res, ne connoissent que la rente.
On n'a pas le droit de les mé-
priser, quand d'ailleurs ils sont
pacifiques, bons pères, bons
maris, et fils respectueux.

# TABLE DES CHAPITRES.